RÉPERTOIRE

DU

THÉATRE DE MADAME.

PARIS. — IMPRIMERIE DE DONDEY-DUPRÉ,
Rue Saint-Louis, n° 46, au Marais.

RÉPERTOIRE

DU

THÉATRE DE MADAME.

L'AUBERGE,

OU

LES BRIGANDS SANS LE SAVOIR;

COMÉDIE-VAUDEVILLE,

PAR MM. SCRIBE ET DELESTRE POIRSON.

Seconde Edition.

PARIS.

HOUDAILLE ET VENIGER,
Rue du Coq-St-Honoré, n° 6;

POLLET, RUE DU TEMPLE, N° 36;

BARBA, PALAIS-ROYAL.

1830.

L'AUBERGE,

ou

LES BRIGANDS SANS LE SAVOIR;

COMÉDIE-VAUDEVILLE,

PAR MM. SCRIBE ET DELESTRE POIRSON;

Représentée pour la première fois, à Paris, sur le Théâtre du Vaudeville, le 19 mai 1812.

PERSONNAGES.	ACTEURS.
M. SCUDÉRI...............	M. Laporte.
Mlle SCUDÉRI, sa sœur.....	Mme Bodin.
FLORVAL, leur neveu.......	M. Henri.
BERTRAND, aubergiste.....	M. Hippolyte.
BABET, sa fille............	Mme Deville.
Son Prétendu.............	M. Justin.

La scène se passe dans une auberge, au milieu des Pyrénées.

L'AUBERGE,

COMÉDIE-VAUDEVILLE.

Le théâtre représente une salle, une porte au fond, et deux croisées latérales, par lesquelles on découvre, dans le lointain, le sommet des Pyrénées et un petit village sur la côte. Sur le premier plan, à la gauche du spectateur, un cabinet en saillie, avec une croisée qui laisse voir tout ce qui se passe dans le cabinet. A droite, une cheminée, une croisée donnant sur la cour. Sur le devant, deux tables; sur l'une, du papier, des plumes, de l'encre, etc. Ameublement gothique.

SCÈNE I.

BERTRAND, BABET, BASTIEN.

BERTRAND.

Oui, ma fille, oui, Bastien, je l'ai vu.

BABET.

Vous avez vu le diable en personne?

BERTRAND.

C'est tout comme, puisqu'il prend la forme qu'il veut.

BASTIEN.

Air : *Vaudeville de l'Avare.*

Allons donc! c'était un prestige;
Un rien excite votre effroi.

BERTRAND.

De mes yeux je l'ai vu, te dis-je;
Je l'ai vu comme je te voi,   (*bis.*)
C'était le soir; il faisait sombre;
De loin j'ai cru l'apercevoir
Sous la forme d'un baudet noir...

BABET.

Vous avez eu peur de votre ombre.

BASTIEN.

C'est inconcevable, comme il est poltron, le beau-père; à son âge, croire aux revenans!

BERTRAND.

Croire... Je n'y crois point, mais j'en ai peur.

Air : *Tenez, moi, je suis un bonhomme.*

>Je pense que tout homme sage
>Doit redouter les revenans ;
>Car les morts ont trop d'avantage
>Quand ils combattent les vivans,
>Leur résister serait folie ;
>Aussi je m'en garderais bien :
>Un vivant y risque sa vie,
>Tandis qu'un mort ne risque rien.

BASTIEN.

Comme je le disais, cela prouve seulement que vous êtes peureux.

BERTRAND.

Peureux !... je ne suis point peureux, mais je suis prudent, et dans cette auberge, au milieu des Pyrénées, avec toi, Babet, qui n'es pas brave, et Bastien, mon gendre futur, qui s'effraie d'un rien... On ne sait pas ce qui peut arriver.

BABET.

Arriver !... Vous voyez bien qu'il n'arrive jamais rien, pas même des voyageurs.

BERTRAND.

C'est votre faute !... On est si mal servi !... Depuis huit jours n'avoir qu'un locataire !

BABET.

Cet officier français ! Mais ce jeune homme est fort bien ; et ce sera une bonne pratique, car il a l'air de quelqu'un très comme il faut.

BERTRAND.

Il a l'air de quelqu'un très-suspect, car il ne paie pas ; et, avec ça, il a quelque chose dans la physionomie...

BABET.

N'avez-vous pas peur aussi de celui-là ?

BERTRAND.

Sans doute. On ne sait d'où il vient : il paraît se cacher ; et quand on lui fait des questions, il vous rit au nez... C'est malhonnête !

Air : *Le jour de son mariage.*

Je n'ai jamais pu connaître
Ce qu'il fait, ni ce qu'il est ;
Mais, à coup sûr, ce doit être
Un fourbe, un mauvais sujet.
Il a commis quelque faute,
Ou fait quelque mauvais coup...

BABET.

Ah, mon père !
Et qui doit à son hôte,
Est capable de tout.

BERTRAND.

Cependant il faut lui porter à déjeuner, car il ferait un tapage !...

BABET.

J'irai, mon père.

BASTIEN.

Pas du tout, mademoiselle ; ce sera moi.

BABET.

Fi, le jaloux !

BASTIEN.

Fi, la coquette !

BERTRAND.

Paix ! j'irai moi-même. Mais au lieu de vous disputer, cherchons plutôt à corriger la fortune par quelques moyens honnêtes.

Air : *La loterie est la chance.*

Sans une honnête industrie,
Un traiteur ne ferait rien ;
Et tous les jours de la vie,
Un peu d'aide fait grand bien.
Toi, Bastien, toi, qui surveilles
L'ordonnance du festin,
Mets dans toutes les bouteilles
Un peu plus d'eau que de vin.

TOUS.

Sans une honnête industrie, etc.

BERTRAND.

Allez, et que chacun soit à son poste.

SCÈNE II.

BERTRAND, seul.

Mon commerce de traiteur prend une mauvaise tournure, et si je n'y mets ordre, je mourrai de faim au milieu de mes provisions. Heureusement j'ai déjà fait une spéculation qui double mes profits.

Air : *Si Pauline est dans l'indigence.*

Je sais d'une façon commode,
Rançonner chaque voyageur,
Et je puis, grâce à ma méthode,
Voler en tout bien, tout honneur.

Crie-t-on : Garçon! potage pour un! j'envoie demi-part.

Les prenant ainsi par famine,
Mes succès ne sont pas douteux;
Et chez Bertrand quand seul on dîne
Il faut tout demander pour deux.

Mais ce bel officier mange comme quatre,

et ne paie pas même pour un. Ma foi, à tout risque, demandons-lui de l'argent. Le difficile est de lui parler, car il chante toujours... Mais je l'entends : le voilà qui crie comme quelqu'un qui paie.

FLORVAL, *en dehors.*

Holà! hé! quelqu'un! le maître, les garçons, tout le monde.

SCÈNE III.

FLORVAL, BERTRAND.

FLORVAL.

Hé! bonjour, papa Bertrand. Va-t-on m'apporter à déjeuner?

BERTRAND.

Que voulez-vous, mon capitaine? la tasse de café, une limonade?

FLORVAL.

Comment, morbleu! à un militaire! Le pâté froid, la tranche de jambon, deux bouteilles de vin : je ne regarde pas à la dépense.

BERTRAND, *à part.*

Je le crois bien, c'est moi qui paie. (*Haut.*) Mais... c'est que... je voulais vous dire... Monsieur compte sans doute faire un long séjour...

FLORVAL.

Moi? non : j'aime le changement.

AIR : *A boire je passe ma vie.*

A voyager passant ma vie,
Jamais je ne suis arrêté :
J'ai pris pour guide la Folie,
Et pour compagne la Gaîté.
En tous lieux bravant les orages,
Pour moi, changer c'est être heureux.
Puisque les plaisirs sont volages,
Il faut bien courir après eux.

BERTRAND.

C'est que tous les huit jours, nous avons l'usage de régler nos comptes avec les voyageurs.

FLORVAL.

Comment! c'est de l'argent que tu me demandes? que ne parlais-tu plus tôt?

BERTRAND, *à part.*

Il est plus solvable que je ne croyais. (*Haut.*) Pardon...

FLORVAL.

Point du tout. J'aime qu'on me parle franchement ; et pour te le prouver, je vais te faire une confidence... c'est que pour le moment je n'ai pas de fonds.

BERTRAND.

Qu'est-ce que vous dites donc? et vous faites ici une dépense...

FLORVAL.

Est-ce que cela te tourmente?

BERTRAND.

Certainement, et beaucoup.

FLORVAL.

Bah! cela ne m'inquiète pas du tout, moi.

BERTRAND.

Ah! je vous ferai bientôt changer de ton. D'abord, je vous préviens que vous ne sortirez pas d'ici que vous ne m'ayez payé.

FLORVAL.

Hé bien, j'y resterai long-tems. D'ailleurs, ne peux-tu me faire crédit sur ma bonne mine?

BERTRAND.

Voilà une jolie caution !

FLORVAL.

Tu es bien difficile. Tiens, je suis sûr que Mme Bertrand s'en serait contentée.

Air :

Je m'offre moi-même en paîment ;
Que ma parole te rassure :
Nos militaires, bien souvent,
N'ont pas de caution plus sûre.
Oui, dans tous tems, chaque soldat,
Cher à Vénus, cher à Bellone,

Ne paya sa dette à l'état
Qu'en payant de sa personne.

Mais rassure-toi ; j'ai des espérances.

BERTRAND.

Belle monnaie !

FLORVAL.

C'est la plus commode.

Air : *Fidèle ami de mon enfance.*

Quand l'espoir charme l'existence,
Chaque instant promet un plaisir ;
On possède la jouissance
Qu'on voit de loin dans l'avenir.
Pour moi, vivant sans défiance,
Du sort je ne redoute rien :
Qui n'est riche qu'en espérance,
N'a pas peur de perdre son bien.

D'ailleurs, nous allons entrer en campagne,
et si jamais je m'enrichis...

BERTRAND.

Et si vous êtes tué?

FLORVAL.

C'est mon métier.

BERTRAND.

Mais vos créanciers, vos malheureux créanciers?

FLORVAL.

On les paiera.

BERTRAND.

Oui, en chansons.

FLORVAL.

C'est plus gai!

Am *du Devin du village.*

Quand on sait chanter et boire,
A-t-on besoin d'autre bien?
Bacchus chasse l'humeur noire;
Et quand j'ai bu, tout est bien.
Quand j'ai bu, sur ta figure
Je vois un air de bonté;
Et même je te l'assure,
Je crois à ta probité.

ENSEMBLE.

FLORVAL.

Quand on sait chanter et boire,
A-t-on besoin d'autre bien?
Bacchus chasse l'humeur noire;
Et quand j'ai bu, tout est bien.

BERTRAND.

Quand on sait chanter et boire,
Encor faut-il quelque bien.
Sans argent, l'on peut m'en croire,
Souvent on reste en chemin.

BERTRAND.

Décidément, je veux savoir quand je serai payé.

FLORVAL.

Ah! vous voulez savoir? Vous êtes bien curieux!... brisons là; n'est-il rien arrivé pour moi? J'avais écrit à Paris... et...

BERTRAND.

Que ne disiez-vous donc? voilà une lettre.

FLORVAL.

Donne donc, bourreau! c'est de l'argent comptant! Allons, qu'on m'apporte à déjeuner, et songe que je veux être traité comme un prince.

BERTRAND.

Oh! pour le déjeuner, vous allez voir... (*A part.*) Je vais lui envoyer demi-part; non, quart de part.

SCÈNE IV.

FLORVAL, *seul*.

Hé vite! hé vite!... quelles nouvelles?... c'est de mon ami. Je lui demandais de l'argent... L'excellent ami!... courrier par courrier! sûrement il m'en envoie... Que vois-je!... (*Il lit.*) « Le lansquenet m'a ruiné... » (*S'interrompant.*) Il est ruiné! c'est bien prendre son tems... (*Lisant.*) « Mais je t'envoie... » (*S'interrompant.*) Voyons au moins ce qu'il m'envoie... ce pauvre ami! (*Lisant.*) « Je t'envoie un bon conseil.

Air : *Vers le temple de l'Hymen.*

» Ton oncle a quitté Paris,
» Et, pour comble de disgrâces,
» On dit qu'il est sur tes traces.
» Profite de mon avis :
» Puisqu'il est à ta poursuite,
» Sans l'attendre, prends la fuite ;
» Sous les drapeaux reviens vite ;
» Car il est mal, entre nous,
» Lorsque Bellone t'appelle,
» De faire attendre une belle
» Qui te donne un rendez-vous. »

Eh! c'est bien de cela qu'il s'agit... Fuir!... Le puis-je? on me retient en gage!... (*On apporte le déjeuner, il se met à table.*) Ma foi, vogue la galère! je n'ai pas peur de déranger mes affaires, elles le sont bien, de par tous les diables!... Mon oncle Scudéri et sa docte sœur, qui font des romans où personne n'entend rien, et où eux-mêmes n'entendent pas grand'chose, seraient bien étonnés de savoir leur fugitif neveu dans une mé-

chante auberge, au milieu des Pyrénées...
Après tout, c'est leur faute; de quoi veulent-ils s'aviser? vouloir m'apprendre à gagner de l'argent, moi, qui ne sais que le dépenser; enfin me faire procureur! j'avais trop de délicatesse, et je me suis fait mousquetaire. A cette nouvelle, ma famille prend ses arrangemens; je prends aussi les miens, et me voilà en pays étranger, commençant le cours de mes voyages. J'ai parcouru l'Europe, et partout je me suis ennuyé : en Italie, il fait trop chaud ; en Russie, il fait trop froid ; en Angleterre, ils sont trop tristes... en France, on n'est jamais trop gai ! vive Paris ! vive le séjour des amours et de la gaîté ! on végète au dehors, on n'est heureux que dans ma patrie.

Air : *Ange des nuits.*

J'ai voulu fuir une terre chérie,
Prendre les goûts, les mœurs de l'étranger.
Tout homme, hélas ! peut changer de patrie,
De caractère il ne saurait changer.

Dès que je vois une belle,
Enflammé par ses attraits,
Ah! je sens bien, auprès d'elle,
Que je suis toujours Français.

Enfin, après deux ans d'absence, mes amis m'obtiennent une lieutenance; je brave tout, je rentre en France, et lorsque j'arrive sur la frontière, je me vois arrêté dans cette auberge, faute d'argent. Que faire ?... Mais comment! il me semble que je réfléchis! pas possible!... quoi! je me dérangerais à ce point!... Allons donc, ne pensons plus à l'avenir, redevenons l'étourdi, l'insouciant Florval, et achevons mon déjeuner.... Hé bien! plus de vin! comme tout passe! holà! garçon! garçon!

SCÈNE V.

FLORVAL, BABET.

BABET, *accourant.*

Me voilà, monsieur.

FLORVAL.

C'est la fille de notre hôte! je n'avais fait que l'entrevoir; le vieux coquin cache sa jeune fille avec autant de soin que son vieux vin... On n'est pas plus jolie!

BABET, *minaudant.*

Ah! monsieur est...

FLORVAL.

Connaisseur et amateur; car, ma charmante Babet, je t'aime à la folie... et toi?...

BABET.

Pour la première fois, la déclaration est leste; mais savez-vous qui je suis?

FLORVAL.

Qui tu es? tu es... tu es charmante.

BABET.

Tu... toi! mais voyez donc, il ose me tutoyer.

Air : *Vaudeville du Petit Courrier.*

Ah mon Dieu! qu'il a l'air vaurien!
Vraiment, messieurs les mousquetaires,

Quoique nous ne soyons pas fières,
Après tout, nous vous valons bien.
Vous êtes braves, nous gentilles ;
Et sachez, quand on est galant,
Que c'est l'ennemi, non les filles,
Qu'il faut mener tambour battant.

FLORVAL.

Pardon, j'ai oublié le respect que je vous devais ; mais tes yeux, friponne, m'inspirent l'amour le plus vif, le plus constant ; je t'adore, il faut m'adorer ; allons, accepte... ou acceptez.

BABET, à part.

Oh ! comme il est impertinent ! c'est vraiment dommage. (*Haut.*) Je ne veux pas vous ôter toute espérance ; peut-être avec le tems, un caprice... qui sait !

FLORVAL.

Un caprice... C'est différent ! mais fais que ce caprice te vienne promptement.

BABET.

Et que dira Bastien, mon futur ?

FLORVAL.

Ce qu'il voudra. L'amant d'abord, le mari après.

BABET.

Voilà une jolie morale!

FLORVAL.

Mais c'est que tu es d'une sévérité...

BABET.

Mais c'est que vous demandez des choses impossibles.

SCÈNE VI.

Les Précédens, BASTIEN.

BASTIEN.

Restez, restez; que je ne vous dérange pas. (*A Babet.*) C'est donc ainsi, perfide!...

Air : *Monsieur Baussac, c'est bien méchant.*

Pourquoi ce bruit et ce courroux?
Pour un époux, qu'il est jaloux!

BABET.

Pourquoi ce bruit et ce courroux ?
Il sera donc toujours jaloux !

BASTIEN.

J'ai bien raison d'être en courroux ;
Je suis époux, je suis jaloux.

SCÈNE VII.

Les Précédens, BERTRAND.

BERTRAND, *continuant l'air.*

Pourquoi ce bruit ? paix là ! paix là !
J'espère enfin qu'on se taira.

Silence ! grande nouvelle ! voilà deux voyageurs qui entrent dans la cour ; leur voiture s'est brisée au bas de la montagne.

FLORVAL.

Il ne fallait rien moins qu'un accident...

BASTIEN.

Il ne nous en vient jamais que comme cela.

BERTRAND.

Il y a long-tems que nous n'avions eu si bonne aubaine. Allons, petite fille, allumez du feu, préparez les chambres... et toi, à la cuisine... Il faut une tête aussi fortement organisée que la mienne pour suffire à tout... Eh ! allez donc.

BASTIEN, *à Babet.*

Et vous croyez qu'il en sera toujours ainsi ?

BABET, *faisant une révérence.*

Oui, monsieur.

BASTIEN.

Et que vous écouterez toujours les galans ?

BABET.

Oui, monsieur.

BASTIEN.

Jolie réponse !

BERTRAND.

Eh bien ! qu'est-ce que vous faites donc ?... à ton poste...

BABET.

J'y vais, mon père. (*A Bastien.*) Ne pas se fier à ma vertu, à ma parole, c'est affreux !

(*Elle sort.*)

BASTIEN.

Ah ! oui, sa parole ! je n'aurais qu'à dormir là-dessus, je ferais de jolis rêves !

(*Il sort.*)

BERTRAND, *à Florval.*

Mon capitaine, est-ce que vous comptez rester là ?

FLORVAL.

Sans doute.

BERTRAND.

Mais ces nouveaux voyageurs ?

FLORVAL.

Fût-ce le diable, je ne me dérangerais pas ; j'ai établi ici mon quartier-général, et j'y reste. Mais j'entends du bruit... ce sont eux. (*Il s'approche de la porte.*) Voyons donc ces nouveaux hôtes... Qu'ai-je vu ? en croirai-je mes yeux ? Scudéri ! Qui peut l'amener? saurait-il..... (*A Bertrand.*) Si par hasard... parle-lui... dis-leur... Non, non, tais-toi et ne dis rien. (*Il se sauve.*)

BERTRAND.

Parbleu, je le crois bien que je ne dirai rien. Mais à qui en a-t-il donc? Allons, il est fou!

SCÈNE VIII.

M. SCUDÉRI, Mlle SCUDÉRI, BERTRAND, BASTIEN.

BASTIEN.

Entrez, entrez, monsieur.

SCUDÉRI, *d'un ton brusque.*

C'est bon.

BASTIEN.

Désirez-vous des rafraîchissemens?

SCUDÉRI.

Non.

BERTRAND.

Si l'on vous faisait du feu?

SCUDÉRI.

Non. Une chambre.

BASTIEN.

On va vous la préparer. (*Il sort après avoir desservi la table où Florval a déjeuné.*)

SCUDÉRI.

Oui, va, dépêche et tais-toi.

BERTRAND, *entrant dans le cabinet.*

On y va. Si vous voulez vous donner la peine d'attendre dans cette salle commune. (*A part.*) Ah! quelle physionomie! celui-là surtout, avec son air rébarbatif. Ils peuvent être d'honnêtes gens; mais à coup sûr ce n'est pas écrit sur leurs figures.

(*Il sort.*)

SCÈNE IX.

M. SCUDÉRI, Mlle SCUDÉRI.

Mlle SCUDÉRI.

Qu'avez-vous donc, mon frère? et quel nuage soudain peut corrompre ainsi l'aménité coutumière de votre physionomie?

SCUDÉRI.

Ouf! je suis d'une colère... Encore un accident! Ma sœur, je vous avertis que je suis très-las des voyages. Vous me dites que vous avez des renseignemens certains ; nous partons... un postillon renversé, un essieu brisé, et tout cela pour courir après un neveu que nous n'atteindrons jamais.

Mlle SCUDÉRI.

J'attendais de vous un plus mâle courage ; vous êtes plus désespéré que Cyrus au huitième enlèvement de la belle Mandane.

SCUDÉRI.

Hé! Cyrus n'avait pas versé.

Mlle SCUDÉRI.

Versé! versé! vous voilà bien malade!

Air *des Folies d'Espagne.*

Pourquoi ce bruit, pourquoi ces cris, mon frère ?
Eh! de vous plaindre avez-vous donc les droits ?
On vous pourrait pardonner la colère,
Si vous tombiez pour la première fois.

SCUDÉRI.

Qu'est-ce à dire? mes chutes! parlez plutôt des vôtres.

Mlle SCUDÉRI.

Les miennes! Apprenez, monsieur, que mes succès n'ont jamais été douteux. Artamène! voilà un roman! douze gros volumes!... Et dès les premières pages, quels beaux sentimens! quelle passion!... On n'est pas plus tôt au commencement...

SCUDÉRI.

Qu'on voudrait être à la fin. Mais la fin n'arrive pas.

Mlle SCUDÉRI.

Comment, la fin! Mais vous n'avez donc pas lu l'instant où Orondate, après huit ans de silence, se hasarde enfin à déclarer...

SCUDÉRI.

Votre Orondate, avec son silence, est le plus grand bavard que je connaisse : il n'y a jamais que lui qui parle ; et quand il est seul avec les rochers, il a toujours quelque

chose à leur dire : « O ma belle princesse ! »
Tenez, ne m'en parlez plus : votre Artamène
est un sot, et Mandane une bégueule.

Mlle SCUDÉRI.

Mandane une bégueule ! Mandane, femme
rare ! toujours enlevée et toujours fidèle,
toujours...

SCUDÉRI.

On voit bien que c'est un roman.

Mlle SCUDÉRI.

Mon frère, est-ce que vous ne croyez
pas à la vertu des femmes ?... Certainement,
moi, à la place de la belle Mandane...

SCUDÉRI.

Ma sœur, vous n'avez jamais été enlevée.

Mlle SCUDÉRI, *avec un profond soupir.*

Hélas ! non. Mais les hommes d'à présent
ont si peu de goût !... N'ont-ils pas la sotte
manie de croire que pour plaire il faut être
jeune et jolie ! Encore si la gloire nous dé-
dommageait d'un côté (*en soupirant*) de ce
que nous perdons de l'autre ; mais l'envie...

enfin, n'ont-ils pas voulu attribuer à Pélisson une partie de mes ouvrages !

Air : *Quand Dieu pour peupler la terre.*

>Dès qu'une femme compose,
>Aussitôt maint détracteur
>Lui ravit le nom d'auteur,
>Et vous seuls avez l'honneur
>De ses vers et de sa prose.
>Les femmes, c'est évident,
>N'ont ni savoir ni talent ;
>Et le stupide vulgaire,
>Séduit par les médisans,
>Croit qu'un homme est toujours père
>Du moindre de nos enfans.

SCUDÉRI.

C'est qu'en effet les hommes ont une certaine supériorité...

Mlle SCUDÉRI.

Vous n'en seriez pas la preuve.

SCUDÉRI.

Ma sœur !

Mlle SCUDÉRI.

Mon frère!

AIR : *Tout ça passe.*

Qu'avez-vous fait de si grand?

SCUDÉRI.

Qu'ont fait, après tout, les femmes?

Mlle SCUDÉRI.

Lisez mon dernier roman.

SCUDÉRI.

Relisez mes derniers drames.

Mlle SCUDÉRI.

Qu'y voit-on? des vers sans ames;

SCUDÉRI.

Qui font pleurer cependant.

Mlle SCUDÉRI.

Oui, quand on sort de vos drames,
Chacun pleure (*ter*) son argent.

SCUDÉRI.

Ma sœur, vos expressions sont d'une dureté....

Mlle SCUDÉRI.

Cela est vrai ; mais aussi, je suis d'une humeur.... Pourquoi faut-il que notre voiture brisée nous mette dans l'impossibilité de poursuivre Florval !

SCUDÉRI.

Vous lui en voulez donc toujours beaucoup ?

Mlle SCUDÉRI.

Certainement.

SCUDÉRI.

Tenez, moi, je commence à me repentir d'avoir été si sévère. Je voulais qu'il suivît la carrière des lettres, ou celle du barreau; mais tout le monde ne peut pas être poète ou procureur. J'ai toujours eu du goût pour le militaire, et si vous m'en croyez....

Mlle SCUDÉRI.

Mon frère, allez-vous recommencer encore?... Tenez, occupons-nous de choses plus importantes : travaillons à notre tragédie d'*Arsace*.

SCUDÉRI.

Hé bien, soit; travaillons.

Mlle SCUDÉRI.

Une tragédie tirée de mon roman d'*Arta-méne!* Le titre seul fera courir tout Paris.

SCUDÉRI, *à part.*

Le fond est détestable ; mais ma poésie fera réussir l'ouvrage.

Mlle SCUDÉRI, *à part.*

Les vers, je crois, ne vaudront pas grand' chose ; mais le fond soutiendra le reste. (*Haut.*) Pour qu'on ne vienne pas nous interrompre, voulez-vous fermer cette porte?

SCUDÉRI.

Très-sagement vu. (*Il ferme la porte du fond, et met la clef sur la table.*) Ah çà, où en sommes-nous ?

Mlle SCUDÉRI.

A la déclaration.

SCUDÉRI.

Toujours des déclarations ! Vous donnez

trop dans le tendre; il faut du noir, du sombre.... Tenez, ma dernière tragédie! quel succès! Aussi c'était tout massacre! Le père, l'amant, la princesse, le grand-prêtre!...

Air : *Décacheter sur ma porte.*

On se tue au premier acte,
On se tuait dans l'entr'acte;
On se tuait partout :
Enfin, pour admirer jusqu'au bout
Un chef-d'œuvre de la sorte,
On se tuait à la porte.

Voilà le véritable tragique! Mais, avant tout, répétons notre dernière scène; elle n'est pas encore finie.

Mlle SCUDÉRI.

Laquelle?

SCUDÉRI.

Celle où Hétéroxène arrive dans le château inconnu, où elle apprend qu'Arsace est infidèle.... où elle ordonne son trépas.

Mlle SCUDÉRI.

Ah! j'y suis, j'y suis.

SCUDÉRI.

Allons, en scène. (*Il se promène en faisant de grands gestes.*)

SCÈNE X.

LES PRÉCÉDENS, BERTRAND.

BERTRAND, *à la fenêtre du cabinet.*

Tout est prêt, et s'ils veulent entrer.... Mais que font-ils? Quels gestes! quelles contorsions!

SCUDÉRI, *déclamant.*

Madame, je l'ai vu... vu de mes propres yeux;
Il n'en faut plus douter, Arsace est en ces lieux.

BERTRAND, *à part toute la scène.*

Dans ces lieux! qui donc?

Mlle SCUDÉRI, *répondant.*

Je t'entends, Graphanor; Arsace est infidèle!
Le perfide! il mourra...

Ah çà, mais je fais une réflexion : faut-il absolument le tuer?

SCUDÉRI.

Mais c'est indispensable : il n'y a pas à hésiter.

BERTRAND.

Tuer quelqu'un en ces lieux !

Mlle SCUDÉRI.

C'est avec peine que je vois tous ces meurtres-là. Nous tuons trop de monde, et ça tournera mal.

BERTRAND.

Plus de doute, ce sont des voleurs de grand chemin !

Mlle SCUDÉRI.

Hier, par exemple, n'avons-nous pas déjà assassiné Tiridate?...

BERTRAND.

Ce pauvre Tiridate !... Quelque honnête particulier, sans doute.

SCUDÉRI.

D'accord, mais c'est justement ce qu'il faut.

Air *de M. Doche.*

Il faut des poisons,
Des trahisons,
Des pamoisons,
Des attentats,
Des assassinats :
Conjurons,
Conspirons ;
Que le trépas
Suive partout nos pas!

BERTRAND.

Les scélérats! employer de pareils moyens pour s'enrichir!

Mlle SCUDÉRI.

Allons, je me rends.

SCUDÉRI. (*Ils écrivent.*)

Hé bien! qu'il meure. C'est une affaire faite, et je vous garantis la réussite.

BERTRAND.

J'en ai assez entendu. Sortons sans bruit ; et si ceux-là ne sont pas pendus, je veux bien que.... Grands dieux ! la porte est fermée : ils ont pris leurs précautions. Aucun moyen de sortir. Je suis perdu ! (*Il rentre dans le cabinet.*)

SCUDÉRI.

Mais de quelle manière le tuerons-nous ? Si nous le poignardions ?

Mlle SCUDÉRI.

Poignarder ? Non, l'empoisonner.

SCUDÉRI.

Le poison.... oui, produira un effet plus sûr, plus tragique.

Mlle SCUDÉRI.

Va pour le poison : il est mort.

SCUDÉRI.

Mort, c'est convenu. Reprenons maintenant.

BERTRAND.

Si je pouvais découvrir à qui ils en veulent! Si c'était à moi? mais je ne m'appelle pas Arsace. Écoutons de toutes nos oreilles.

Mlle SCUDÉRI, *déclamant*.

Tendre et cher Graphanor, je rends grâce à ton zèle ;
Mais, dis-moi, m'as-tu fait un rapport bien fidèle?

SCUDÉRI.

Madame, dès long-tems, en ce séjour, dit-on,
Il est seul, déguisé, cachant jusqu'à son nom.

BERTRAND.

Seul, déguisé, cachant son nom!

SCUDÉRI.

Je l'ai vu... sa jeunesse, et surtout son audace...

BERTRAND.

Un jeune homme! Je n'ai ici que Florval.

SCUDÉRI.

Sous l'habit d'un guerrier m'ont découvert Arsace.

BERTRAND.

Un militaire! c'est lui.

Mlle SCUDÉRI.

C'en est fait! le cruel me quitte pour jamais?

SCUDÉRI.

D'une jeune beauté dont on vante les traits
Le maître de ces lieux, m'a-t-on dit, est le père.

BERTRAND.

Ma fille !

SCUDÉRI.

Il n'est ainsi caché que pour la voir, lui plaire...

BERTRAND.

Il l'aimerait !

SCUDÉRI.

Et c'est pour elle enfin qu'un prince tel que lui...

BERTRAND.

Un prince !

SCUDÉRI.

Méconnaît sa grandeur, et s'oublie aujourd'hui ;
Lui, né du sang des rois ! lui, parent d'Artamène !

BERTRAND.

Il paraît cependant d'une bonne famille.

SCUDÉRI.

Lui, qui fut autrefois l'amant d'Hétéroxène !
Qu'il périsse ! formons un dessein généreux,
Digne de l'un, de l'autre, et digne de tous deux.

Mlle SCUDÉRI.

Bravo! bravo! beaucoup mieux que je ne croyais. Mais une seule chose m'embarrasse : nous tuons l'amant ; mais la fille ?

SCUDÉRI.

Rien de plus simple, je l'enlève.

BERTRAND.

Enlever ma fille!

Mlle SCUDÉRI.

Et le père ?

BERTRAND.

Aïe, aïe, m'y voilà! ils veulent que toute la famille y passe.

SCUDÉRI, *d'une voix sombre.*

J'y suis : à minuit, une lanterne sourde, trois coups de poignard.... il aura vécu.

Mlle SCUDÉRI.

Très bien : ce sera un spectacle très gracieux.

BERTRAND, *frissonnant.*

Oui, gracieux! je voudrais t'y voir. Je

n'ai pas une seule goutte de sang dans les veines.

Mlle SCUDÉRI.

C'est charmant !

SCUDÉRI.

Je crois y être.

AIR : *L'Amour me ramène* (des Deux Lions).

Lampe sépulcrale,
Viens guider mes pas.
La cloche fatale
Sonne le trépas.

Mlle SCUDÉRI.

A vos pieds, princesse,
Dit le ravisseur,
Je meurs de tendresse.

BERTRAND.

Moi, je meurs de peur.

ENSEMBLE.

SCUDÉRI, Mlle SCUDÉRI, BERTRAND.

SCUDÉRI et Mlle SCUDÉRI.

Chacun en silence
Écoute en tremblant :

Je le vois d'avance,
Ce sera charmant.

BERTRAND.

Gardons le silence.
Je suis tout tremblant.
Ton trépas s'avance,
Malheureux Bertrand !

SCUDÉRI.

Voilà donc qui est arrangé. Mais il y a long-temps que notre chambre doit être prête. (*Il lui présente la main.*)

BERTRAND, *à part.*

Comment sortir sans être découvert?... Allons, faisons bonne contenance. (*Haut.*) Monsieur, votre chambre est prête.

SCUDÉRI.

Ah ! bon. Mais qu'avez-vous donc ? vous êtes pâle.... tremblant.

BERTRAND, *tremblant de tous ses membres.*

Moi ! je ne.... tremble pas.... au contraire....

SCUDÉRI.

Mon ton vous aura peut-être effrayé ; mais rassurez-vous, je suis bon homme au fond.

BERTRAND, *à part*.

Tudieu, quelle bonté !

SCUDÉRI.

L'accident arrivé à ma voiture m'avait mis de mauvaise humeur ; mais ce que je viens de faire m'a rendu ma gaîté naturelle.

BERTRAND.

Il y a de quoi.

Mlle SCUDÉRI.

Vos genoux fléchissent.... vous vous trouvez mal ?

BERTRAND.

En effet, je ne me trouve pas très bien. Mais allez-vous-en, ça ne sera rien. Ah mon Dieu ! voilà qu'il tire ses pistolets !... Non, c'est sa tabatière.

SCUDÉRI.

Fais-nous apporter à dîner ; et si nous

sommes contens, je te récompenserai d'une manière à laquelle tu ne t'attends pas. (*Ils sortent.*)

BERTRAND.

Je ne m'y attends que trop.

SCÈNE XI.

BERTRAND, *seul.* (*Il va les enfermer à la clef.*)

Ouf! j'ai cru qu'ils ne partiraient pas. Mettons la clef, et réfléchissons si nous pouvons.... Quelle aventure!... Ce Florval! ce prince Arsace!... Oh! c'est bien lui!... Sa fuite à l'arrivée de ces nouveaux venus.... le mystère qui l'environnait.... Cependant, le prince Arsace.... je n'en ai jamais entendu parler.... je voudrais bien savoir où est sa principauté. Bref, prince ou non, on doit l'assassiner; ce sont ses affaires, il s'en tirera comme il pourra.... Mais moi.... mais ma fille.... surtout moi.... A minuit.... une lanterne sourde.... Ah! que faire? quel parti prendre? Ma foi, découvrons tout à son altesse....c'est un prince.... il doit être brave, et lui seul peut nous sauver.

SCÈNE XII.

BERTRAND, FLORVAL.

FLORVAL, *cognant aux croisées du fond.*

Bertrand, y sont-ils toujours?

BERTRAND, *prenant la clef sur la table et allant ouvrir la porte du fond.*

Il voudrait, comme moi, qu'ils fussent déjà bien loin. (*Haut.*) Oui ; mais tout est découvert : ils savent que vous êtes ici, et ils ont juré votre perte.

FLORVAL.

Tout est découvert! (*Il referme brusquement la porte.*)

BERTRAND.

Allons, voilà qu'il n'est pas plus brave que

moi. Un mot, de grâce ; de grâce, un seul mot !

FLORVAL, *rentrant.*

Hé bien ! que me veux-tu ?

BERTRAND, *avec de profondes révérences.*

Air : *On m'avait vanté la guinguette.*

Salut, honneur à son altesse !
Salut, honneur à monseigneur !

FLORVAL.

Eh quoi ! c'est à moi qu'il s'adresse ?

BERTRAND.

Pourquoi cacher votre grandeur ?

FLORVAL.

Mais finis ; ce discours me lasse.

BERTRAND.

Vous êtes prince, monseigneur.

FLORVAL.

Je t'assommerai sur la place.

BERTRAND.

Ah ! monseigneur, c'est trop d'honneur.

ENSEMBLE.

FLORVAL, BERTRAND.

FLORVAL.

Mais que veut dire ce mystère?
Et d'où peut naître son erreur?
Finis, ou bien crains ma colère,
Crains tout de ma juste fureur.

BERTRAND.

Comment finira ce mystère?
Et que veut dire son erreur?
Monseigneur se met en colère.
Daignez calmer votre fureur.

BERTRAND.

Mais, encore une fois, pourquoi craindre de vous découvrir? Je connais les motifs qui vous font agir; nous vous sommes tous dévoués; parlez.... moi, ma famille, mon argent, tout est au service de votre altesse.

FLORVAL.

Ton argent, dis-tu? ton argent?... Ah! je suis prince, sans contredit, et j'accepte

tout. (*A part.*) Si j'y comprends un mot....
(*Haut.*) Ce déguisement n'était qu'un jeu....
un caprice....

BERTRAND.

Pourquoi feindre encore? Je sais que votre altesse ne l'a pris que pour éviter un mariage qui ne lui convenait pas du tout.

FLORVAL, *à part*..

Ah! diable; son altesse ne sait pas son rôle. (*Haut.*) Un mariage.... oui, tu as raison ; mais maintenant que je ne crains plus rien....

BERTRAND.

Au contraire, vous avez tout à craindre ; et je venais demander l'avis de votre altesse....

FLORVAL.

Mon avis? Ah! si j'avais mon conseil.... Mon avis est d'abord que nous sommes dans un très-grand danger.

BERTRAND.

Extraordinairement bien pensé, monseigneur.

FLORVAL.

Et qu'il faut en sortir au plus vite.

BERTRAND.

Puissamment raisonné, monseigneur. Mais par quels moyens? Songez que Graphanor et Hétéroxène sont armés.

FLORVAL, *à part.*

Que dit-il? M. et Mlle Scudéri, Graphanor et Hétéroxène!... Hétéroxène.... mais je connais ce nom.... ce sont des personnages du roman d'Artamène....

BERTRAND, *qui a entendu le dernier mot.*

Artamène! justement : ils en ont parlé, et ils vous connaissent bien, car ils disaient....

(*Imitant la déclamation de Scudéri.*)

Ses traits... son air qui... et surtout son audace,
Sous l'habit d'un... militaire, m'ont découvert Arsace.

FLORVAL, *riant.*

Ah! ah! ah! (*Il se jette dans un fauteuil.*)

Ah! ah! j'y suis! ils répétaient quelque tragédie.... ah! ah!

BERTRAND.

Mais il est fou! Comment! vous riez quand il y va de votre couronne!

FLORVAL.

Ah! si tu savais comme j'y tiens peu!

Air : *De la vigne à Claudine.*

Des biens de la fortune
Mon cœur n'est pas épris;
Leur faste m'importune,
Et j'y mets peu de prix.
Est-ce donc sur le trône
Qu'on trouve le vrai bien?
Je perdrais ma couronne,
Que je ne perdrais rien.

BERTRAND.

Mais vos jours?

FLORVAL.

Ils en veulent à mes jours? c'est différent. Voilà mes créanciers bien attrapés : c'est là ce qui te chagrine?

BERTRAND.

Non pas du tout. C'est qu'ils en veulent aussi à ma vie.

Air : *Que vois-je ? c'est Voltaire !* (de Voltaire chez Ninon.)

Détournez la tempête,
Et dans l'événement
Ne perdez pas la tête,
Car la mienne en dépend.

FLORVAL.

Dans la tombe s'il faut me suivre,
Tu sauras sans peine obéir.

BERTRAND.

Il me semble si doux de vivre !
Hélas ! pourquoi faut-il mourir ?

ENSEMBLE.

BERTRAND, FLORVAL.

BERTRAND.

Détournez la tempête, etc.

FLORVAL.

Détournons la tempête,
C'est le point important :
Ne perdons point la tête,
Car mon sort en dépend.

BERTRAND.

Monseigneur me prend donc sous sa protection ?

FLORVAL.

C'est le moins que tu puisses attendre : tu peux compter sur mes bienfaits.

BERTRAND.

Mais que résout son altesse ?

FLORVAL.

Il faut arrêter les coupables. Rassemble toute ta maison.

BERTRAND.

Vous savez, monseigneur, qu'il n'y a ici que moi et Bastien ; mais je cours répandre l'alarme et rassembler tout le village. (*A part.*) M'assassiner ! enlever ma fille ! un prince dans ma maison ! Comme je vais en raconter à tous nos voisins !

SCÈNE XIII.

FLORVAL, *seul.*

La méprise est sans pareille !... Je vais faire une peur à Scudéri.... Je le connais : il se fâchera, puis s'apaisera ; mais sa sœur... comment la contraindre ?... Oh ! l'excellente idée !... Puisqu'ils travaillent à leur tragédie, ils doivent l'avoir avec eux.... Je les tiens ; et ce qu'ils refuseraient à leur neveu, il faudra bien qu'ils l'accordent à son altesse. (*On entend les premières mesures de l'air :* Cocu, cocu, mon père.)

SCÈNE XIV.

FLORVAL, SCUDÉRI, Mlle SCUDÉRI, BERTRAND, BABET, BASTIEN, voisins et voisines, plusieurs villageois armés de fourches, de batons, de vieilles carabines, etc.

(*Ils entrent sur l'air :* Cocu, cocu, etc.)

BERTRAND.

Monseigneur, je vous annonce votre armée.

FLORVAL, *s'asseyant.*

Faites entrer.

BERTRAND.

Par ici !

FLORVAL, *à la reprise.*

Bataillon intrépide,
Que l'honneur seul vous guide.

BERTRAND.

Tâchez d'avoir du cœur,
Et surtout n'ayez pas peur.

CHOEUR.

Bataillon intrépide, etc.

(*Roulement de tambour, et à grand chœur.*)

Honneur à monseigneur !

BERTRAND, *aux paysans.*

Comme je vous disais donc, ils voulaient l'assassiner, et sans mon courage.... Ah çà, vous servirez de témoins, n'est-ce pas ?

LES PAYSANS.

Oui, tous.

FLORVAL.

Qu'on m'amène les coupables! (*Un villageois entre dans le cabinet.*) Vous, Bastien, entrez dans leur chambre, saisissez tous leurs papiers, et apportez-les-moi; ils doivent contenir les noms de leurs complices, et les preuves de leurs forfaits.... allez!...

LE VILLAGEOIS, *sortant de la chambre de Scudéri.*

Suivez-moi, monsieur, la résistance est inutile.

SCUDÉRI.

Voudrait-on se moquer d'un homme comme moi?

Mlle SCUDÉRI.

Que signifie cette violence?

AIR : *Y approche un p'tit brin.* (d'Une Journée chez Bancelin.)

Pourquoi ces éclats,
Tout ce fracas,

Cet embarras?
Que nous veut-on?
Parlera-t-on?
Me dira-t-on
 Par quel mystère?...
Sont-ce des voleurs,
 Des ravisseurs
 Ou des brigands,
 Ou des amans,
 Pour m'éprouver
 Ou m'enlever?

SCUDÉRI.

Puisqu'il y a un prince dans cette maison, présentez-nous à son altesse, elle nous reconnaîtra sans doute.

FLORVAL, *bas à Bertrand.*

Fais-les approcher.

BERTRAND, *durement.*

Allons, avancez.

SCUDÉRI.

Je suis M. de Scudéri, homme de lettres, gouverneur du château de Notre-Dame-de-la-Garde.

Mlle SCUDÉRI.

Je suis mademoiselle de Scudéri, sa sœur, auteur dramatique.

FLORVAL, *détournant la tête et grossissant la voix.*

Noms supposés !

BERTRAND.

Noms supposés ! preuve convaincante !
(*Pendant tout ce morceau, Florval est assis sur le devant du théâtre, à la gauche du spectateur. Un peu plus loin monsieur et mademoiselle de Scudéri, qui ne peuvent le voir que par derrière, et que les villageois empêchent d'approcher.*)

MORCEAU D'ENSEMBLE.

De M. Doche.

Voyez comme ils sont confondus !
Les voilà réduits à se taire.

TOUS.

Voyez, etc.

SCUDÉRI.

Téméraire! téméraire!

FLORVAL.

Moi, je ris de leur colère.

Mlle SCUDÉRI.

Moi, je ne me connais plus.

BERTRAND.

De leur destin que votre altesse ordonne;
Prononcez sur leur sort.

TOUS.

De leur destin, etc.

RÉCITATIF.

FLORVAL.

Leur crime a mérité la mort;
Mais pour les condamner mon altesse est trop bonne;
Je ne veux la mort de personne.
Dussé-je être puni de ce sublime effort,
O mes amis! je leur pardonne.

TOUS.

Quelle bonté! quelle grandeur!
Vive monseigneur!

L'AUBERGE,

SCUDÉRI.

Quelle arrogance ! on nous pardonne !

BERTRAND.

Il est fâché qu'on lui pardonne !

Mlle SCUDÉRI.

Mais quel peut être leur espoir ?

FLORVAL, *prenant les papiers que lui apporte Bastien.*

Écoutez... ce n'est rien encore :
Je veux que la flamme dévore
Les preuves d'un forfait si noir.

Mlle SCUDÉRI.

O ciel ! mon *Cyrus !* ma *Clélie !*

SCUDÉRI.

Mon poème et ma tragédie !

Mlle SCUDÉRI.

Mon *Cyrus !*

SCUDÉRI.

Ma *Clélie !*

Mlle SCUDÉRI.

Mon poème !

SCUDÉRI.

Et ma tragédie!

TOUS.

Quelle bonté! quelle grandeur!
Vive monseigneur!

M. et Mlle SCUDÉRI.

Ah! grand Dieu!

FLORVAL.

Au feu!

SCUDÉRI.

Arrêtez!

Mlle SCUDÉRI.

Barbare!

TOUS.

Au feu! au feu! au feu!

SCUDÉRI, *montrant Bertrand.*

Ce fourbe vous égare,
Et je suis innocent.

TOUS.

Innocent!

BERTRAND.

O ciel! la frayeur les égare :
Il perd la tête assurément.

TOUS.

Il perd la tête assurément.

SCUDÉRI:

Arrêtez, arrêtez un moment.

FLORVAL.

Que l'on m'obéisse à l'instant.

TOUS.

Obéissons tous à l'instant.

M. et Mlle SCUDÉRI.

Un moment! un moment!

FLORVAL.

C'est différent! (*A sa suite.*) Retirez-vous, ils ont quelque chose à me communiquer. (*Ils s'éloignent tous; il reste seulement deux villageois à la porte, et l'on aperçoit les autres dans le fond.*)

SCÈNE XV.

M. SCUDÉRI, Mlle SCUDÉRI, FLORVAL; BERTRAND, *dans le fond.*

SCUDÉRI, *très-humblement.*

Monseigneur, d'où provient une pareille rigueur? certainement... (*Levant peu à peu les yeux et le reconnaissant.*) Comment! c'est toi, coquin!

Mlle SCUDÉRI.

C'est toi qui oses nous faire arrêter!

FLORVAL.

Silence! ou j'appelle mes gardes!

SCUDÉRI.

Malheureux! brûler nos chefs-d'œuvre!

FLORVAL.

Il ne tient qu'à vous de les sauver; mon pardon, vingt-cinq louis pour rejoindre mon régiment, et je vous les rends à l'instant.

Mlle SCUDÉRI.

Votre pardon ! est-ce ainsi que vous espérez l'obtenir ?

FLORVAL, *avec feu.*

Prenez-y garde ; je suis un fou, un étourdi ; je suis capable de tout ; ne souffrez pas que ces chefs-d'œuvre soient la proie des flammes; ne les dérobez pas à l'admiration des siècles futurs ; je vous parle au nom des beaux-arts, de la nature et de la postérité.

SCUDÉRI.

La postérité, c'est juste ; mais vingt-cinq louis, c'est cher ! Passe encore pour le pardon, ça ne coûte rien ; mais ne pourrais-tu rien rabattre ?

FLORVAL.

Rabattre ! c'est impossible ! pour la belle Mandane, cent écus.

SCUDÉRI.

Mais tu n'as pas de conscience.

FLORVAL.

Une jolie femme n'a pas de prix, celle-là surtout!... une femme inconcevable !

AIR *de Calpigi.*

Chaste, et pourtant huit fois ravie,
Toujours voulant qu'on la marie,
Mais attendant patiemment :
Chez nous c'est si rare à présent. (*bis.*)
Sage, vertueuse et fidèle,
A trente ans... encor... demoiselle :
Tous nos jeunes gens comme il faut
Vous le diront,
Cent écus, cela n'est pas trop. (*bis.*)

Mlle SCUDÉRI.

Allons, passe pour les cent écus.

FLORVAL.

A la bonne heure !... mais vous n'aurez pas la cruauté de la séparer de son époux; pour le grand Cyrus, même prix.

Mlle SCUDÉRI.

Ah ! c'en est trop ; et c'est abuser...

FLORVAL.

Oui-dà ! un cavalier jeune et aimable ! on vous en donnera, et surtout comme celui-là !

Même air.

Grand spadassin et bonne lame,
Courant toujours après sa femme,
Toujours ardent, toujours brûlant :
Chez nous c'est si rare à présent !   (*bis.*)
Rempli de courage et de grâce,
Sa valeur jamais ne se lasse :
Toutes nos dames comme il faut

Vous le diront,

Cent écus, cela n'est pas trop.   (*bis.*)

SCUDÉRI.

Mais songe donc que cent écus et cent écus font six cents livres.

Mlle SCUDÉRI.

Six cents livres !...

FLORVAL.

Le compte est fort juste, et quand pour ce prix-là on sauve du feu deux innocentes victimes, on ne doit pas regretter son argent.

SCUDÉRI.

Allons, puisqu'il faut en passer par là!... mais au moins tu m'expliqueras...

FLORVAL.

Vous allez tout savoir... approchez, mes amis : tant de gloire, tant de grandeurs m'importunent.

RÉCITATIF.

Ni l'or ni la grandeur ne nous rendent heureux :
L'éclat de mes trésors n'a point séduit mes yeux,
J'y renonce; et d'un oncle implorant la tendresse,
Je veux que son amour soit ma seule richesse.

SCUDÉRI.

Comment! comment!

FLORVAL.

Air : *J'en guette un petit de mon âge.* (Des Scythes et des Amazones.)

Avant de refuser ma grâce,
Écoutez un neveu soumis :

Vous prétendiez sur le Parnasse
A vos côtés me voir assis.
Trop de gloire excite l'envie ;
Et j'aime mieux, pour mon bonheur,
Une place dans votre cœur,
Qu'une place à l'Académie.

SCUDÉRI.

Quoi ! tu serais...

FLORVAL.

Le héros de votre tragédie, le prince Arsace...

SCUDÉRI.

Mais comment se fait-il ?...

FLORVAL, *vivement*.

Rien de plus simple : Bertrand vous écoutait, parce qu'il est curieux ; il a eu peur, parce qu'il est poltron ; et il m'a pris pour un prince, parce qu'on a une certaine tournure ; j'en ai profité, parce que j'en avais besoin ; et je partage ma nouvelle fortune avec Babet et Bastien, parce que, quand je suis heureux, il faut que tout le monde le soit.

BERTRAND.

Ah çà, vous n'êtes donc pas...

FLORVAL.

Je n'ai jamais été prince que de ta façon.

BERTRAND.

En ce cas, voici un petit mémoire.

FLORVAL.

Graphanor et Hétéroxène s'en chargeront.

Mlle SCUDÉRI.

Il faut bien vouloir tout ce qu'il veut, à condition cependant qu'il entendra notre tragédie.

SCUDÉRI.

Point de condition, grâce tout entière !

BASTIEN.

Monseigneur, si vous n'avez régné qu'un instant, vous avez bien employé votre quart d'heure de royauté.

VAUDEVILLE.

Air : *Vaudeville de Sophie, ou le Malade qui se porte bien.*

FLORVAL.

Amour, sous tes lois je m'engage ;
Viens désormais régner sur moi ;
Je suis fier de mon esclavage ;
Qui plaît est plus heureux qu'un roi.
Le bonheur est dans la tendresse ;
Et j'aime mieux, en vérité,
Un quart d'heure de ma maîtresse,
Qu'un quart d'heure de royauté.

BASTIEN.

Vingt amans brûlent pour Hélène ;
Une autre, à sa place, eût choisi ;
D'un roi, d'un maître eût pris la chaîne ;
Hélène en a bien mieux agi :
Entre eux distribuant sa flamme
Avec une stricte équité,
Tour à tour ils ont chez madame
Un quart d'heure de royauté.

BABET.

Le jour, tout fiers de leur puissance,
Nos époux règnent sans pitié :
Par bonheur, de notre existence
Les jours ne font que la moitié.
Quand la nuit ramène en silence
Les plaisirs et l'obscurité,
Pour nous c'est alors que commence
Le quart d'heure de royauté.

SCUDÉRI.

J'ai vu tomber mon Orondate ;
J'ai vu tomber mon Oroxus ;
J'ai vu tomber mon Tiridate ;
J'ai vu tomber mon grand Cyrus:
Lui qui, pendant la cinquantaine,
En Perse régua redouté,
Ne put obtenir sur la scène
Qu'un quart d'heure de royauté.

Mlle SCUDÉRI.

J'ai vu la beauté souveraine,
J'ai vu les plus fiers conquérans

Traiter de princesse et de reine
Des tendrons de quinze ou seize ans.
Hélas! moi, presque douairière,
Je n'aurai pu, tout bien compté,
Attraper dans ma vie entière
Un quart d'heure de royauté.

BERTRAND.

L'avare est roi quand il entasse;
L'amant quand on reçoit sa foi;
L'intrigant lorsqu'il est en place;
Pour moi, je règne quand je boi.
Si de mes jours on n'a plus guère
De quart d'heure de volupté,
On trouve encore au fond du verre
Le quart d'heure de royauté.

BABET, *au public.*

Le droit de juger un ouvrage
S'achète à la porte en entrant;
Ici vous régnez sans partage
Un quart d'heure, pour votre argent.
Notre bonheur est grand sans doute,

Si nul de vous n'a regretté
Les pas et l'argent que lui coûte
Son quart d'heure de royauté.

FIN DE L'AUBERGE.

www.ingramcontent.com/pod-product-compliance
Lightning Source LLC
LaVergne TN
LVHW020958090426
835512LV00009B/1940